Verstärker in der bibliotherapeutischen Praxis

Praxis

„Löwenmut"

Eine exemplarische Geschichte

Mögliche Arbeitsmaterialien von

Anke Hartmann

beispielshaft im Anhang

Entwickelt und in der Praxis erprobt von

Dr. Claudia J. Schulze

(Psychologische & Pädagogische Materialien)

Herstellung und Verlag:

BoD - Books on Demand Norderstedt

©2019 Claudia J. Schulze

Graphiken: Anke Hartmann

Books on Demand 2019, 3. Auflage

ISBN: 9783746089478

Bibliotherapie

„Bibliotherapie" bezeichnet die Therapieform, die sich aufs Lesen stützt. Der Wortteil „Biblio" bezieht sich nicht etwa auf die Bibel, sondern vielmehr auf das griechische „biblos", „das Buch". (Wobei die Bibel wiederum eben auch: „Das Buch" heißt). Aber an dieser Stelle soll nicht von einem einzigen Buch die Rede sein, sondern von vielen. Schreiben und Lesen mit dem Ziel der Selbsterkenntnis und Selbstheilung gibt es bereits seit langer Zeit; spätestens jedoch seit der Entstehung der Hoch-kulturen. Was ist nun das Besondere an dieser Methode? Die Arbeit mit Medien, welche den direkten Gefühlsbereich ansprechen, verspricht primäres statt sekundäres Lernen. Im Lesen von Literatur kann der Klient/Klientin sich mit Figuren identifizieren und sich von ihnen abgrenzen, kann am Modell lernen wie andere es gemacht haben und findet etwa in der Lyrik oder im fremden Ausdruck Worte, wo er selbst sprachlos ist (Dies gilt im positiven wie durchaus auch im negativen Sinn). Die Poesie- und / oder die Bibliotherapie basiert dabei im Wesentlichen auf der Überzeugung der starken Heilkraft der Sprache, eine Annahme, die mittlerweile durch zahlreiche wissenschaftliche Studien belegt werden konnte.

Es gibt mittlerweile zudem außerordentlich viele, sehr unterschiedliche Schulen, Richtungen und diverse Strömungen.

Der von mir hier persönlich bevorzugte Ansatz hat seine Wurzeln vor allem in der Humanistischen Psychologie und in der Humanistischen Pädagogik. Es gibt aber auch z.B. konstruktivistische Ansätze, tiefenpsychologisch orientierte Ansätze und viele mehr. Ich verstehe diese nicht als Konkurrenten; vielmehr verstehe ich sie als weitere zum Teil in der Tat äußerst hilfreiche Ansätze! Dieses vorliegende Buch hier soll als eine Art in sich erweiterbare, doch durchaus auch vollständig in sich zusammen- hängende Arbeits-Notiz-, Ideen- und Material- sammlung dienen. An bestimmten Stellen habe ich daher Freiräume eingebaut, in denen somit auch schriftlich über bestimmte, ausgesuchte Themen reflektiert werden kann. Im Gegensatz zu meinen Büchern zur Bibliotherapie für Erwachsene habe ich hier bewusst weniger strukturiert. Zum einen ist dies natürlich der Tatsache geschuldet, dass Kinder noch (mehr als Erwachsene) im Werden begriffen sind, so dass mir Klassifikationen daher hier noch weitaus weniger angebracht zu sein erscheinen als dies im

Zusammenhang mit der wirksamen biblio-therapeutischen Arbeit, welche sich im Kontext der Therapie Erwachsener befindet, eher der Fall ist. Als behandelnder Therapeut / Therapeutin haben Sie hier selbstverständlich immer die Möglichkeit, die Geschichten zu modifizieren, für das jeweilige Kind „anzupassen" (z.B. was Aussehen, Alter und Geschlecht betrifft). Hier können sowohl Distanz als auch Nähe vermittelt werden, je nachdem, was die jeweilige Situation erfordert. Hauptziel soll es sein, dem betroffenen Kind den größtmöglichen Raum zu bieten, von dem aus es genug Vertrauen aufbringen kann, um sich mit dem Gefühl von Sicherheit anzuvertrauen.

Daher erfordert dies, wie jede therapeutische Situation, ein ganz besonderes Fingerspitzengefühl und eine ausgeprägte Achtung im Umgang mit dem Kind. Die nachhaltige Wirkungsweise biblio-therapeutischer Arbeit ist in ihrer Wirksamkeit schon seit langem durch zahlreiche, aussagekräftige Studien eindrucksvoll belegt, deren Lektüre ich sehr empfehle. In dem vorliegenden Buch soll es jedoch gleich um die mögliche und konkrete Anwendung und um sog. „Verstärker" gehen. Die Geschichte ist zunächst einmal durchgängig abgedruckt, so dass man sie zunächst – ohne Unterbrechungen – emotional auf sich wirken lassen kann. Dies sollte, meiner Meinung nach, keinesfalls unterschätzt werden. Es mag zunächst wie ein unnötiger Luxus erscheinen, Dennoch ist es wichtig, die Geschichte zunächst vollkommen auf sich wirken zu lassen bevor man sie dann, in einem zweiten Schritt, bibliotherapeutisch bearbeitet die Frage nach *„Verstärkern"* aufgreift und umsetzt.

Der doppelte Abdruck führt zu keinen erhöhten Kosten. Dies ist mir wichtig. Aus pädagogischer Sicht erscheint er mir sehr wichtig zu sein. Dies soll jedoch nicht zu Lasten des Lesers gehen. Aus diesem Grund ist dafür gesorgt das dies nicht der Fall sein wird.

In der vorliegenden Geschichte „Löwenmut" werden exemplarisch sogenannte Verstärker eingesetzt.

Die hier verwendeten **Verstärker** sind u.a einzelnen Methoden der Kunsttherapie, der Kinder-und Jugendlichenpsychotherapie und der Bibliotherapie entlehnt. Zwar gibt es weder „die" Kunsttherapie noch „die Bibliotherapie". Auch in der Kinder- und Jugendlichenpsychotherapie gibt es zahlreiche

Richtungen. Häufig kommt das Element eines „Verstärkers" jedoch als eine Art gemeinsamer Nenner in zahlreichen Formen vor. Der Verstärker kann hierbei rein verbaler Natur sein, sich auf Körperempfindungen stützen oder aber biblio- oder kunsttherapeutische Aspekte aufgreifen. Selbstverständlich können sie auch jeweils kombiniert werden. Im Rahmen dieser Arbeitsmaterialien habe ich mich für die Verstärkung mit Bildern und Geschichten entschieden.

Andersherum ausgedrückt mit Geschichten, welche wiederum durch Bilder verstärkt werden. Diese Bilder können in einer solchen Form gestaltet sein, dass es möglich ist sie bei sich zu tragen. Hinten habe ich dies genau dargestellt und konkrete Möglichkeiten benannt solche Bilder zu erwerben. Sie können jedoch auch selbst hergestellt werden. Hierbei sind der Phantasie keine Grenzen gesetzt.

Durch den Prozess des Selbst-Herstellens kann sogar zusätzlich eine besondere Bindung an die Symbolfigur erfolgen. Es können auch abstrakte Symbole anstelle von konkreten Bildern verwendet werden. Kleine Textpassagen oder Affirmationssätze, beliebte Zitate, persönliche Mantras, Zettel mit Stichpunkten für was man dankbar ist, wer die Freunde sind, wo die eigenen Stärken liegen etc. können in kleinen Streichholzschachteln mit sich getragen werden. Hier sind einige Anregungen aus der Praxis. Allerdings stellen sie nur einen Bruchteil dar und können jederzeit vom Therapeuten / der Therapeutin und dem Kind selbst modifiziert oder ganz neu erfunden werden.

In dieser vorliegenden „Katzen"- Erzählung („Dotti") - (Schwerpunkt hier: kindliche Angstbewältigung) werden modellhaft einige Punkte genannt. Diese sind innerhalb der Geschichten hervorgehoben und kurz kommentiert. Einzelne Impulsfragen schließen sich an. Dies ist natürlich kein vollständiges Manual. Die Geschichte in sich ist jedoch abgeschlossen und bietet Identifikationspotential und Hinweise auf mögliche Ressourcen und Verstärker.

Auch hier besteht kein Anspruch auf Vollständigkeit. In anderen Arbeitsmaterialien wird auf diesen Themenkomplex stärker eingegangen; dies hier kann gewissermaßen als eine Art beispielhafter „Auszug" begriffen werden.

Speziell diese Geschichte richtet sich stärker an Mädchen. Andere Bücher und Materialien (Zum Beispiel die gesamte „Lukas-Reihe") sind sowohl auf Mädchen als auch auf Jungen ausgerichtet.

Einzelne Auszüge, wie beispielsweise die „Reise nach Holland", sind etwas stärker auf Jungen ausgerichtet.

Andere Geschichten wiederum sind metaphorisch fokussiert oder aus mehreren Perspektiven geschrieben und im Ergebnis komplett geschlechts-unspezifisch. Eine ausführliche Liste ist am Ende dieser Arbeitsmaterialien ebenfalls beigefügt.

Dies gilt auch für meine Adresse für Fragen und Anregungen.

Alle Methoden sind in der Praxis erprobt und haben sich bewährt.

Ich habe als Bonus-Material eine Geschichte in der ein Hund die Hauptrolle spielt beigefügt, Auch hier, bei der vorliegenden, exemplarischen ausgehend von einem bibliotherapeutischen Zugang, der häufig ein gemeinsames Lesen, Besprechen, Variieren und ein durchaus auch erwünschtes

„Ausschmücken" bzw. „Umerzählen" der Geschichte beinhaltet, wie auch das Erstellen von Verstärkern, das Besprechen und Üben des Einsatzes dieser Verstärker, was die therapeutische Arbeit abrundet. Hier nun zunächst die unkommentierte Geschichte: „Löwenmut". Es geht um Selbstwirksamkeit, um den Mut der Protagonistin und um der ihrer Katzen. Vor allem aber geht es darum zu erfahren, wieviel Mut der/ die Einzelne hat- selbst wenn er/ sie dies oft zunächst gar nicht weiß. Nochmals: Die hinten genannten Beispiele sind kein „Muss". Es sind vielleicht persönliche Ideen-Verstärker, Anregungen. Das bewusste Sich-Umgeben mit vielen, alltagsorientierten, persönlich positiven, persönlich bedeutsamen Assoziationen stellt (durch das Hineinholen in den Alltag) ein großes, nicht zu unterschätzendes Verstärkerpotential im gesamten bibliotherapeutischen Prozess dar.

Der doppelte Abdruck (einmal durchgängig, einmal „interaktiv") wirkt sich nicht auf den Preis aus, da diese Materialien durch die Bärbel Schulze Stiftung für therapeutisches Lesen und Schreiben subventioniert werden, so dass sie zu einem vergleichsweise niedrigen Preis auf dem Markt sind.

LÖWENMUT

Wenn Du Deine Katzen nicht hättest!" Leonie hatte diesen Satz schon mehr als einmal von ihrer Mutter gehört. Und es stimmte. Ohne ihre Katzen, bei denen es sich zumeist um ehemalige Streuner handelte, fühlte sich Leonie nicht wohl. Besonders gut erinnerte sie sich noch an das erste Kätzchen, das ihr jemals zugelaufen war. Da sie jedoch sogar dessen echten Namen gekannt hatte, konnte von Zugelaufensein, streng genommen, nicht ganz die Rede sein. Philipp war die Katze der Nachbarin und man konnte bestimmt nicht sagen, dass diese schlecht zu Philipp gewesen wäre (etwas, das Leonie später, in anderen Zusammenhängen, leider öfter erleben musste).

Die Nachbarin war nur etwas laut und rauchte ständig Zigaretten. Selbst Philipps Fell roch danach. Leonie glaubte daher, dass Philipp zu ihr kam, um sich von dem Lärm und den Zigaretten ein wenig auszuruhen. Er war noch sehr jung, und es fiel ihm sichtlich schwer sich vom Dach, das alle Wohnungen in diesem riesigen Gebäudekomplex miteinander verband, auf den Rand ihres Balkons zu hangeln. Dennoch gelang es ihm. Zudem half Leonie ihm auch ein wenig, das war ja klar. Gästen sollte man schon etwas entgegenkommen.

Leonie erlaubte Philipp auch in ihrem Bett zu schlafen. Philipp, der ein kleines Federgewicht war, rollte sich vorsichtig auf ihrem Bauch zusammen und schnurrte bis etwa vier Uhr morgens. Dann, so leise wie er gekommen war, verschwand er wieder und kehrte zu der Nachbarin zurück. In dieser Zeit, die für Leonie mit Philipps Besuchen verbunden war, verschwand die komische Nervosität, ja schon Angst, die sie schon seit Monaten begleitet hatte, und für die ihr einfach keine Erklärung einfallen mochte. Sie hatte ein paar Ideen. Aber keine, die ihr sinnvoll vorgekommen wäre. Zwar grübelte sie, vor allem vor dem Einschlafen, in alle Richtungen; zumeist war das aber vollkommen umsonst.

Das einzig Gute am Schlafen war nun Philipp, der auf ihrem Bauch lag. Von Philipp konnte man zwar nicht sagen, dass er ihr zugelaufen wäre, aber trotzdem hatte diese kleine Katze etwas verändert. Wer weiß, was er in seiner Katzensprache so von sich gegeben hatte.

Jedenfalls hatte mit Philipp alles begonnen, und nach ihm begannen die Streuner zu ihr zu kommen.

Allerdings war dies nicht immer die richtige Bezeichnung dafür. Manchmal half Leonie auch nach. So wie an dem Tag, an dem sie sich wegen Rocco mit dem Katzenfänger angelegt hatte, an dem sie Inga, die jemand auf die Straße getrieben hatte, mit einem Sprung in letzter Sekunde gerettet hatte oder wie sie auf einen Baum geklettert war, um die kleine rote Katze aus dem Baumwipfel zu befreien – und das, obwohl sie bis zu diesem Tage eigentlich davon ausgegangen war gar nicht klettern zu können. Es hatte also vielleicht doch nur bedingt mit Philipp – und mehr mit Leonie zu tun. Davon abgesehen:

Diesmal waren es wirklich Streuner, und Leonie war zum ersten Mal fast froh darüber, dass Papa ausgezogen war. Vor ein paar Monaten noch war ihr das als das Schlimmste erschienen, was je hätte passieren können. Papa hatte eine Freundin, zu der war er gezogen, und dadurch gab es viel Platz in Leonies und Mamas Wohnung. Wie leer hatte sich diese Wohnung angefühlt, wie ganz und gar

trostlos. Mama und sie waren plötzlich die Zurückgebliebenen gewesen, die Zurückgelassenen, Abgelegten. Die, die Papa nicht mehr wollte. Lange
hatte sich Leonie gefragt was sie wohl falsch
gemacht habe. Wäre es möglich gewesen Papas
Auszug zu verhindern?

Aber, falls ja: Wie? Auch ihre Mutter fand auf derlei
Fragen keine Antwort. Die Wohnung erschien lange
Zeit als zu groß, zu leer und zu freudlos.

Alles erinnerte an Papa. Es roch sogar noch nach
ihm. Mama hatte zwar die Fotos von der Wand
genommen, aber trotzdem. Das Fahrrad, welches er
ihr repariert hatte, die kleine Kastanie, die er ihr im
Herbst mitgebracht hatte, der hellgrüne, kaputte
Papierdrachen im Keller und die blaue Wolldecke,
die er ihr von einer Geschäftsreise mitgebracht
hatte. Alles Erinnerungen, vorbei. Für die Streuner-
Kätzchen, allesamt Tiere, die schlecht behandelt
oder ausgesetzt worden waren, war dies ein großes
Glück. Sie alle fanden (oft durch Leonies Einsatz)
ihren Weg zu Leonie, und sie alle fanden bei ihr ein
neues Zuhause. „Wie willst Du das alles allein
schaffen?" hatte sich ihre Mutter aufgeregt, doch es

gab da eine Tierärztin, bei der Leonie ein Praktikum machte: Monika, die mit Nachnamen auch tatsächlich noch „Frau Dr. Katz" hieß. Ohne Monika hätte es Leonie wohl nicht geschafft ihre eigene kleine Katzenaufzucht zu betreiben; aber immerhin sind wir Menschen ja nicht immer allein mit diesen Dingen. Nach einer Weile begann auch Leonies Mutter dabei mitzuhelfen, so dass Leonie mit den Katzen, alles in allem, gut zurechtkam.

Zwar gab es manchmal besonders hartnäckige Fälle von Angst, wie zum Beispiel bei Inga, da aber Leonie selbst wusste wie sich Angst anfühlte, war sie so geduldig wie man es sich (besonders als Katze) nur wünschen konnte. Vor allem achtete sie darauf, dass sich Inga niemals eingesperrt fühlte. Sie beachtete ihre Körpersprache und ließ Inga ihren eigenen Kopf. Das war zwar bei Katzen ohnehin nicht anders zu meistern, aber bei Inga brauchte es doch noch mehr als bei einer Katze, die Ingas schlechte Erfahrungen nicht teilte.

Leonie sprach immer ruhig mit ihr und bewegte sich nicht schnell wenn Inga in der Nähe war. Sie vermied laute Musik und bemühte sich die

Wohnung, und besonders Ingas Ecke, immer so zu belassen wie Inga das kannte und gewohnt war.

Abends spielte sie ihr Katzenvideos vor. In denen kamen keine Katzen vor, denn sie waren für Katzen. Es wurde dort beruhigende Musik gespielt. Leonie war sich nicht so ganz sicher, ob das das Richtige für Inga war, doch schaden konnte es sicherlich nicht. Inga entspannte sich immer ein wenig wenn sie diese Musik hörte, doch gleichzeitig wirkte sie trotzdem noch immer angespannt und immer auf das Schlimmste vorbereitet. „Was haben sie nur mit Dir gemacht?", seufzte Leonie nicht nur einmal. Wenn sie ihr doch nur helfen könnte wirklich Vertrauen in die Welt zu fassen! Sobald Leonie selbst von der Angst übermannt wurde begann sie zu malen. Meistes malte sie Katzen, aber auch andere Tiere. Dieses Malen half ihr sehr. Es brachte sie in eine innere Ruhe die ihr wiederum auch half die Angst der Streuner, die ihr anvertraut waren besser ertragen zu können.

Die Angst anderer zu ertragen ist nämlich gar nicht immer so leicht wie man es sich vielleicht vorstellen mochte.

Manchmal konnte man sich anstecken und die eigene Angst wuchs viel mehr als sie es sonst getan hätte. Sie wurde so groß, so, als würde sie sich vor alles schieben, über alles legen und das, was gut war, wegdrängen.

Beim Malen aber verflog das, vor allem während sie malte.

Häufig genug hielt es aber auch danach noch lange an, was Leonie wirklich half.

Warum Inga, die Katze, so scheu war konnte Leonie also nicht sagen. Sie hatte bestimmte Vermutungen. Vieles wies darauf hin, dass Inga geschlagen worden war.

Monika, der Tierärztin, waren kleinere Narben unter Ingas Fell aufgefallen.

Zudem war Inga bemerkenswert schreckhaft, und sie hasste verschlossene Räume.

Selbst Leonie gegenüber gab sie sich reserviert und ängstlich. Normalerweise gab es keine Katze, die Leonie jemals über einen so langen Zeitraum hinweg misstraut hätte. Dieser also musste etwas sehr Schwerwiegendes passiert sein; da war sich Leonie sicher.

Doch gab es da noch eine andere Katze. Eine Katze, die in Ingas Leben noch eine Rolle spielen würde, und zugleich eine Katze, die Leonie immer und immer wieder malte.

Von dieser möchte ich nun erzählen. Sie trug den italienischen Namen „Dottoressa"; meistens aber wurde sie „Dotti" genannt.

Dotti war ebenfalls eine Streunerin. Als schwarze Katze hatte sie nicht die besten Karten. Noch immer halten sich, auch in unserer Zeit, leider noch zahlreiche Vorurteile über Katzen mit dieser Fellfärbung. Monika, Leonies Tierärztin jedoch, war von so etwas nicht zu beeindrucken. Zum Glück, muss ich sagen. Und hätte die Tierärztin damals in ihrem Neapel-Urlaub nicht alle Bedenken über Bord geworfen, um Dotti über die Grenze zu schmuggeln, (was absolut verboten war, und ihr als Tierärztin ein großes Schlammassel hätte einbringen können), wäre Dotti wohl noch immer eine der vielen Streunerinnen auf den Straßen von Neapel- oder aber, was leider noch wahrscheinlicher gewesen wäre, schon gar nicht mehr am Leben. Monika hielt sich normalerweise streng an alle möglichen Regeln, diese jedoch ging über das, was ihr Herz verkraftet hätte.

Als die Tierärztin Dotti gefunden hatte, war diese ein kleines, schwarzes, zottiges, fiebriges und völlig unterernährtes Bündel gewesen, zitternd vor Angst und mit einem so schwer entzündeten Auge, das nicht klar war, ob sie überhaupt durchkommen würde. Monika, beziehungsweise Frau Dr. Katz, (so hieß die Tierärztin wirklich), wischte alle Vorschriften und Bedenken zur Seite, setzte sich gegen ihren Mann Robert durch, und schmuggelte Dotti über den Brenner nach Deutschland.

Es war unfassbar und stand in keinem Verhältnis wie schnell Dotti sich erholte. Ihr Auge heilte in nur einer Woche vollständig ab. Frau Dr. Katz hatte es vorsorglich operiert. Dotti nahm an Gewicht zu, das Fieber verschwand so wie ihre Angst. Niemals zuvor hatte Frau Dr. Katz ein glänzenderes, seidigeres Fell gesehen als bei ihrer kleinen Dotti.

Dazu muss gesagt werden, dass Frau Dr. Katz schon viele prachtvolle Pelzträger in ihrer Praxis behandelt hatte, doch Dotti war unübertroffen. „Sie ist eben Italienerin!", stellte der Ehemann von Frau Dr. Katz fest. Dies musste als Erklärung ausreichen, denn über Italienerinnen und Italiener ließ er nichts kommen - in keiner Hinsicht. Was am meisten verblüffte war das Vertrauen, welches Dotti jedem entgegenbrachte. Bei einer Streunerin war das mehr als ungewohnt. Leonie kannte sich damit aus. Einige ihrer Streuner und Streunerinnen oder ausgesetzten Tiere (egal ob es sich um einen Hund, eine Katze oder um ein Meerschweinchen gehandelt hatte), waren erst nach langwierigen Versuchen in winzigen Schritten auf sie zugekommen, hatten ihr ein Vertrauen gezeigt, welches für sie nun nicht mehr selbstverständlich war. Bei manchen dauerte es Monate, einmal sogar Jahre und ab und zu, so sehr Leonie das auch bedauerte, manchmal klappte es überhaupt nicht. Einige der Tiere waren schlecht behandelt worden; geschlagen, vernachlässigt, ausgesetzt.

Es gab für sie keinen Grund mehr einem Menschen zu vertrauen, auch wenn sie spürten, dass Leonie es gut mit ihnen meinte. Doch in manch´ vertrautem Augenblick, zum Beispiel wenn es eine Katze sich auf Leonies Arm bequem gemacht hatte, konnte es passieren, dass inmitten des Schnurrens und Genießens eine alte Angst in ihr auftauchte; eine schlimme Erinnerung, so dass sie mit einem Satz aus Leonies Armen floh.

Leonie wusste, dass diese Tiere mehr Geduld, mehr Verständnis und Liebe brauchten als Tiere, denen noch nie etwas Vergleichbares widerfahren war. Doch Dotti, Italienerin hin oder her, verblüffte von Anfang an mit dem großen Vertrauen, welches sie in die Menschen setzte. In die Menschen und in die Tiere. Bald war sie aus der Praxis von Frau Dr. Katz nicht mehr wegzudenken. Sie saß im Wartezimmer, und etwas Merkwürdiges, Unmerkliches geschah, wenn sie dort war. Katzen, die von ihren Herrchen und Frauchen mitgebracht worden waren, erschienen ruhiger, Hunde hörten auf zu knurren, Vögel plusterten sich zufrieden auf. Frau Dr. Katz schüttelte lachend den Kopf, weil Dotti alles infrage stellte, was sie in ihrem Studium über das Verhalten der Tiere gelernt hatte. „Aber sie ist Italie---" Diesmal ließ Frau Dr. Katz ihren Mann nicht aussprechen. Eine solche Erklärung schien ihr nun doch, bei aller Italien- Liebe, etwas albern zu sein.

Leonie, die oft bei Monika aushalf, war selbst verblüfft. So etwas war ihr tatsächlich auch noch niemals untergekommen. Wie machte das diese kleine Katze nur? Wie war es ihr gelungen die Vergangenheit so hinter sich zu lassen?

Zunächst wälzte sie ihre Studienbücher, um einen möglichen Hinweis auf dieses Verhalten zu bekommen, dann löcherte sie das Internet- beides ohne brauchbare Ergebnisse. Schließlich nahm sie es ie es war und hörte damit auf noch weiter darüber nachzudenken.

Schließlich folgte für Dotti die Beförderung auf eine ganz unkonventionelle Art- wobei das vermutlich nicht besonders verwunderlich ist, da ja alles an Dotti irgendwie unkonventionell und einmalig war.

Im Ergebnis zeigte sich in Dottis Beförderung, dass sie zur direkten Assistentin von Frau Dr. Katz geworden war. Sie war eine ganz besondere Assistentin, so viel stand schon mal fest. Frau Dr. Katz behielt manchmal Tiere über Nacht in der Praxis. Dies war ab und zu erforderlich, wenn eines dieser Tiere operiert worden war. Dort trat Dotti dann zum ersten Mal als Assistentin in Erscheinung.

Sie hatte sich neben den frisch operierten Retriever gelegt, der, tief in eine Decke gewickelt, vor Schmerzen und vor Heimweh zu Winseln begonnen hatte. Frau Dr. Katz zögerte ihm weiterhin Schmerzmittel zu verabreichen. Während sie hin und her überlegte, hatte sich Dotti dem Patienten vorsichtig genähert, ihre Tatze mit den eingezogenen Krallen auf ihn gelegt und ganz beruhigend zu schnurren begonnen.

Das Winseln wurde leiser, die Atmung ruhiger. Dotti war ein Naturtalent.

Sie kam mit jeder Art von Hund klar. Der Retriever blieb nicht der einzige, mit dem sie Freundschaft schloss. „Ich gratuliere Ihnen, Kollegin", hatte daraufhin Frau Dr. Katz mit einem erleichtertem Lächeln zu Dotti gesagt.

Diese jedoch ließ sich durch nichts ablenken. Die ganze Nacht blieb sie bei ihrem Patienten.

Ähnliches wiederholte sich in den kommenden Wochen so häufig, dass sich Frau Dr. Katz die operative Nachsorge ohne Dotti gar nicht mehr vorstellen konnte.

Ab und zu wurde Dotti nun auch während der Operation eingesetzt. Unmittelbar vor der Narkose gelang es ihr zuverlässig die jeweiligen tierischen Patienten zu beruhigen. Während der Operationen wurde sie zu einer großen Hilfe für Frau Dr. Katz, die gelegentlich, insbesondere bei sehr komplizierten Eingriffen, ein wenig nervös wurde.

Dotti tröstete sie sogar, wenn sie den Teil ihres Berufes ausüben musste, den sie selbst am traurigsten fand: Wenn es nämlich darum ging ein krankes Tier einzuschläfern, war auch eine geübte Ärztin wie Frau Dr. Katz immer wieder ein wenig von der Rolle.

Doch Dotti war da, zuverlässig wie immer, und stupste ihre kleine, warme Stirn gegen die nervöse, traurige Stirn von Frau Dr. Katz, bis sich diese wieder zumindest ein klein wenig besser fühlte. Auch Leonie stand Monika zur Seite. Auf ihre eigene Art. Dotti ihrerseits mit ganzem Körper-einsatz. Bei manchem verwaisten Herrchen oder Frauchen ruhte sie ein wenig in den Armen und ließ sie ihr glänzendes, warmes Fell streicheln, während die ein oder andere Träne auf sie niedertropfte.

Kurzum: Dotti war einfach unbezahlbar. In Leonie war daher der Plan gereift Dottis psychologische Kenntnisse für ihre eigenen Schütz-linge zu nutzen. Für ihre ehemaligen Streuner, die, wenn sie auch keine äußerlichen Verletzungen mehr aufwiesen, doch Verletzungen in sich trugen. Würde Dotti auch ihnen helfen können? Leonie war mehr als zuversichtlich. Zuerst wollte sie mit Rocco, einem ausgesetzten Kater, der zudem nur knapp, und mit Leonies ganzem Einsatz, einem Katzenfänger entkommen war, in der Praxis vorbeischauen. Vorbeizuschauen war jetzt nicht mehr so einfach, da, besonders durch die zauber-hafte Dotti, die Kleintierpraxis von Frau Dr. Katz zur ersten Adresse am Ort geworden war. Aber Leonie hatte einen besonderen Draht zu Monika, der Ärztin. Während Leonie ein Schul-Praktikum in Monikas Praxis durchgeführt hatte, waren die beiden so etwas wie Freundinnen geworden, trotz des ziemlich beachtlichen Altersunterschieds. Wahrer Freund-schaft jedoch, macht so etwas nichts niemals etwas aus. Sicherlich hatte Moni eine Idee wie man Rocco und Dotti zusammenbringen konnte. Und eine Frage kostete nichts. „Komm doch am Sonntag bei uns zuhause vorbei!" schlug Monika vor. „Sieht so aus als käme meine Mutter mit einem ihrer berühmten Kuchen vorbei, und der reicht mit Sicherheit für uns alle! Na, wie sieht's aus?" Leonie nickte mehr als zufrieden. Rocco, ein wunderschöner Langhaarkater, folgte Leonie auf dem Weg zu Monis Haus. Das hatte er sich angewöhnt. Er folgte ihr wie ein kleiner Hund, und nur wenn ein echter Hund um die Ecke kam, versteckte er sich im Gebüsch bis die Luft wieder rein war und Leonie ihn rief. Diesmal, auf dem Weg zu Monika allerdings, war weit und breit niemand zu sehen. Quer über die Wiese folgte Rocco Leonie bis sie dann endlich bei Monika ankamen. Dotti saß bereits vor der Tür wie eine formvollendete Gastgeberin. Sie hatte beide Vorderpfötchen exakt parallel nebeneinandergestellt, was einen enorm eleganten Eindruck hervorrief. Rocco zögerte zunächst, dann, Leonie hatte ihn noch nie zuvor so gesehen, setzte er sich neben sie. Um genauer zu sein: Er setzte sich in das Gras. Den Kopf seitlich auf Dottis Stirn gebettet. Dotti begann zu schnurren, erst leise, dann immer lauter. Bald war es nicht mehr zu überhören.

Rocco rückte ein wenig näher heran und Leonie beschloss die beiden erst einmal sich selbst zu überlassen. Im Haus wartete Monika mit ihrer Mutter und einer Torte, die für Leonies gesamte Schulklasse ausgereicht hätte. Sie bestand aus mehreren Stockwerken.

Unfassbar! Leonie schüttelte den Kopf. Wie sollte Monika dieses Ungetüm vertilgen? „Nimm doch ein Stück", drängte sie Leonie, doch diese winkte ab. Sie hatte keinen großen Hunger. Die Neugier, wie und ob es Dotti gelingen würde in Rocco das Vertrauen wieder aufleben zu lassen, war weitaus größer. Als sie die beiden fand, spielten sie gerade miteinander. Sie wirkten so vertraut, als wären sie bereits seit Jahren die engsten Freunde. Keiner der beiden achtete auf Leonie, die ihrerseits begeistert bemerkte wie sehr bereits dieses kurze Zusammensein mit Dotti ihrem Rocco half.

Auf dem Rückweg wirkte er sogar mit ihr ein klein wenig vertrauter, und wer Rocco kannte, der wusste, dass dies wirklich etwas ganz Besonderes war. Sicher war es noch ein weiter Weg, aber mit Dotti an ihrer Seite würde es ein sehr viel fröhlicherer werden. Das stand sowieso schon einmal fest. Und Inga würde sie mit Dottis Gegenwart auch helfen können – da war sie sich sicher. Immerhin hatte sie Inga nun bereits seit vier Jahren bei sich. Zu Beginn hatte sie sich ihr noch nicht einmal auf zwei Meter nähern können. Bis sie sie schließlich zum ersten Mal auf den Arm nehmen konnte, waren ganze drei Jahre ins Land gezogen. „Keine Sorge, Dotti bekommt das hin!", versprach selbst Monika Leonie.

Und tatsächlich! Leonie war dreimal mit Inga bei ihr gewesen, dann noch einmal mit Rocco. Wie genau Dotti es angestellt hatte kann ich unmöglich wissen, doch führte sie Inga und Rocco zusammen.

Eigentlich kann von einem Zusammenführen kaum die Rede sein, da die beiden ja sowieso schon beide bei Leonie wohnten. Bisher waren sie sich allerdings ausdrücklich aus dem Weg gegangen. Dotti, mit all ihrem Charme, hatte es geschafft, und obwohl Leonie davon überzeugt war, dass Dotti wirklich alles schaffen konnte, was sie sich nur in den Kopf gesetzt hatte: Diesmal war sogar Leonie verwundert. Die beiden waren so verliebt wie man nur sein konnte. Aus Rocco war ein richtiger

Schmuser geworden, und Inga hatte ihre Scheu vollkommen abgelegt.

Die beiden waren unzertrennlich. Sie erkundeten die nähere Umgebung gemeinsam und verbrachten die Nächte zusammen.

Bald hatte Inga Nachwuchs bekommen. Und so war sie Mutter und Rocco Vater geworden.

Eine wirklich gute Katzenmutter, das war nicht zu leugnen gewesen. Wie gern war sie dieser Aufgabe nachgekommen! Manchmal noch schien die alte Angst in ihr wieder an Macht zu gewinnen, doch immer wieder leuchtete etwas in Inga auf. Etwas, das stärker zu sein schien als diese Angst. Vor allem dann, wenn es um ihre Kleinen ging. Sie hatte sie mit einem Löwenmut gegen jeden verteidigt. +Wie sehr hatte sich Leonie genau diesen Mut gewünscht. Ihrer rutschte zuweilen ab, dann kamen die Ängste wieder. In solchen Momenten ärgerte sich Leonie über sich selbst, aber das half natürlich auch nicht weiter. Zu dieser Zeit hatte sie erneut damit begonnen zu malen. Sie malte Katzen auf kleine Streichholzschachteln, Holzdöschen, auf Knöpfchen und hölzerne Kettenanhänger. Einen Teil trug sie immer bei sich. Es waren mehr als Glücksbringer. Leonie nannte sie „Verknüpfungen", weil sie, immer wenn sie eines der Bildchen sah oder berührte an ihre Katzen denken musste. An ihre Katzen, und an den Mut den sie trotz allem, oder besonders trotz allem, bewiesen. Das hatte Leonie imponiert. Sehr sogar. Nichts erinnerte mehr an die einst so scheue Inga. Niemand hatte sie mehr stoppen können. Sie beschützte jedes ihrer Kleinen mit einer Courage, die Leonie stolz machte. Rocco tat es ihr gleich. Häufig malte sie auch Dotti, denn die kleine Dottoressa hatte es ihr ganz besonders angetan. Aber nun, da die Katze etwas in die Jahre gekommen war, und ihre Kinder das Haus verlassen hatten, schlief sie am liebsten oder gab sich zumindest außerordentlich gelangweilt. So auch heute: Vergessen waren die Tage der Kindheit und Jugend, offenbar verlangte sie nun am meisten nach Ruhe. Rocco ging es ähnlich. Wurden die beiden schwermütig? „Es ist mal wieder Zeit für Dotti!", dachte sich Leonie.

Zwar war auch Dotti nicht mehr die Jüngste. Doch hatte sie nichts an Liebenswürdigkeit und Ausstrahlung verloren. „Ich bringe sie Dir morgen vorbei!", versprach ihr Monika- und hielt Wort, so wie immer. „Wie schön Dich wieder zu sehen, Dotti!". Leonie fühlte sich so glücklich wie schon lange nicht mehr. Leonie fühlte sich so glücklich wie schon lange nicht mehr. Dotti war so stark mit ihrer eigenen Jugend verknüpft- wie eine lang zurückliegende Erinnerung. Und doch gab es sie noch. Sie war nicht nur eine Erinnerung.

Dotti war viel mehr als das. Da war sie also, diese einst winzige, schwarze Katze, die nun so imposant wirkte wie eben nur eine echte italienische Dottoressa es vermochte. Inga gähnte zunächst demonstrativ, so wie immer, dann aber nahm sie Dotti wahr. Mit einem Mal klappte sie ihre Ohren spitz nach hinten, und tappte dann in betonter Langeweile zu Leonie hinüber. Dann, in einem plötzlichen Anfall von Bewegungsfreude, ganz so wie früher, sprang sie mit einem geschickten Satz auf Leonies Schoß, hangelte sich an ihrem Oberkörper hoch und kringelte sich beinahe wie ein Kissen um ihren Kopf. Dotti beobachtete sie nebenher. Schließlich begann sie laut zu schnurren. Das Schnurren vibrierte über Leonies Kopf, durch ihren ganzen Körper, und sie begann sich wohl zu fühlen. „Du bist eben doch die Beste", sagte sie mit geschlossenen Augen zu Inga, die daraufhin noch stärker schnurrte. Leonie wurde es ganz warm. Nun kam auch Rocco aus seinem Versteck vom Speicher her, um den Besuch zu begrüßen. Zärtlich rieben sie die Köpfe aneinander. Rocco lief nun zwischen Dotti und Inga hin und her. Schließlich kam auch Inga zu Rocco und zu Dotti und legte sich mit ihnen auf die Fließen des Küchenfußbodens in die Sonne. Deren Strahlen fielen in einem warmen Winkel durch das Küchenfenster. Leonie fragte sich an was die drei jetzt wohl dachten. Ob Dotti an ihre Zeit in Italien dachte? Und Inga daran wie sie ihre Kinder beschützt hatte? Ob Rocco an den Katzenfänger dachte, dem er entkommen war? In letzter Zeit war sie öfter nervös gewesen, einiges war ihr nicht mehr so gelungen wie früher. Wenn das Malen nicht gewesen wäre, hätte sie noch weniger gewusst wie sie sich selbst von dieser Angst befreien hätte können. Jetzt, als Dotti hier war, bemerkte sie davon nichts mehr. Trotzdem beschloss sie, genau in diesem Augenblick, mit Monika über ihre Angst zu sprechen. Sie war immerhin Ärztin. Wahrscheinlich kannte sie eine Kollegin, die sich mit so etwas wie

Nervosität und Ängsten gut auskannte. Es gab da zwar eine Frau Dr. Hühnerklein in der Gegend...aber Leonie wusste, ehrlich gesagt, nicht so recht, was sie von dieser halten sollte. Aber Monika würde sie fragen. Und Dotti hatte sie auf die Idee gebracht. „Schon merkwürdig", sprach sie zu sich selbst. „Aber auf eine tolle Art!"

Sie dachte an den Löwenmut der Katze, nicht nur an Ingas, und fast kam es ihr so vor, als würde sich dieser durch die Anwesenheit von Inga, Rocco und Dotti direkt auf sie übertragen. Sie wollte Monika darum bitten ihr Dotti öfter zu bringen. Es tat ihnen offenbar allen gut wenn sie da war- auch Dotti selbst.

Mit den Katzen an ihrer Seite konnte nun doch einfach nichts mehr schiefgehen. Und mutig, das wusste sie, war sie trotz ihrer Angst. Wer sonst hätte sich mit Katzenfängern angelegt, Streuner von Dächern und Straßen gerettet und die Dottoressa bei Monikas schwersten Aufgaben unterstützt? Sie selbst.

Leonie wusste das nun, und es gab ihr Kraft.

Etwa zur gleichen Zeit, höchstens drei oder vier Tage später, fegte ein schwarzer Blitz in Leonies Leben: Bandit. Er kam mit nur einem Satz durch das Fenster, begutachtete alles interessiert und wurde weder von Inga noch von Rocco vertrieben. Von Dotti natürlich gleich gar nicht.

Offenbar war Bandit ein Streuner aus Leidenschaft. Lang hielt es ihn nicht bei Leonie. Doch lang genug, um ihre Katzen sowie Dotti kennenzulernen. Als Bandit wieder von ihr fortging, trotz Dotti und trotz des gemütlichen Zuhauses, da fühlte sich Leonie irgendwie angesteckt und wollte es ihm gleichtun. „Vielleicht fange ich mal mit Italien an? Was meinst Du Dotti?" Dotti umschnurrte ihre Hand und wirkte zufrieden, wie immer. „Das nehme ich mal als ein „Ja", beschloß Leonie, während sie gleichzeitig überlegte, welche Tasche sie für ihre Reise am besten nehmen sollte. **Hier nun die Geschichte mit Impulsen. Der doppelte Abdruck wirkt sich nicht auf den Preis aus, da diese Arbeitsmaterialien durch die Bärbel Schulze Stiftung für therapeutisches Lesen und Schreiben subventioniert werden, so dass sie zu einem vergleichsweise niedrigen Preis auf dem Markt sind.**

Impulsfragen zu diese Themen:

GEDANKEN ZU „GEBORGENHEIT"

GEDANKEN ZU „MUT & ANGST"

GEDANKEN ZUM THEMA „SELBSTWIRKSAMKEIT"

GEDANKEN ZUM THEMA „VERLUST":

GEDANKEN ZUM THEMA: „ZUHAUSE"

GEDANKEN ZUM THEMA: „RESSOURCEN"

GEDANKEN ZUM THEMA: „SKILLS"

GEDANKEN ZUM THEMA: „VERTRAUEN"

GEDANKEN ZUM THEMA: „RESILIENZ"

GEDANKEN ZUM THEMA: „EMPATHIE"

GEDANKEN ZUM THEMA: „FÜRSORGE"

GEDANKEN ZUM THEMA: „KOMPETENZ"

GEDANKEN ZUM THEMA: „INITIATIVE"

GEDANKEN ZUM THEMA: „ERFOLG"

GEDANKEN ZUM THEMA: „RÜCKFALL"

GEDANKEN ZUM THEMA: „HILFE"

GEDANKEN ZUM THEMA: „WAGNIS"

GEDANKEN ZUM THEMA: „TOLERANZ"

GEDANKEN ZUM THEMA: „REFRAMING"

GEDANKEN ZUM THEMA: „VERSTÄRKER"

GEDANKEN ZUM THEMA: SELBSTTRANSZENDENZ

GEDANKEN ZUM THEMA: PROAKTIVES COPING

GEDANKEN ZUM THEMA: KRAFT

LÖWENMUT

Wenn Du Deine Katzen nicht hättest!" Leonie hatte diesen Satz schon mehr als einmal von ihrer Mutter gehört. Und es stimmte. Ohne ihre Katzen, bei denen es sich zumeist um ehemalige Streuner handelte, fühlte sich Leonie nicht wohl. Besonders gut erinnerte sie sich noch an das erste Kätzchen, das ihr jemals zugelaufen war. Da sie jedoch sogar dessen echten Namen gekannt hatte, konnte von Zugelaufensein, streng genommen, nicht ganz die Rede sein. Philipp war die Katze der Nachbarin und man konnte bestimmt nicht sagen, dass diese schlecht zu Philipp gewesen wäre (etwas, das Leonie später, in anderen Zusammenhängen, leider öfter erleben musste).Die Nachbarin war nur etwas laut und rauchte ständig Zigaretten. Selbst Philipps Fell roch danach. Leonie glaubte daher, dass Philipp zu ihr kam, um sich von dem Lärm und den Zigaretten ein wenig auszuruhen. Er war noch sehr jung, und es fiel ihm sichtlich schwer sich vom Blech-Dach, das alle Wohnungen in diesem riesigen Gebäude-komplex miteinander verband, auf den Rand ihres Balkons zu hangeln. Dennoch gelang es ihm. Zudem half Leonie ihm auch ein wenig, das war ja klar. Gästen sollte man schon etwas entgegen-kommen. Leonie erlaubte Philipp auch in ihrem Bett zu schlafen. Philipp, der ein kleines Federgewicht war, rollte sich vorsichtig auf ihrem Bauch zusammen und schnurrte bis etwa vier Uhr morgens. Dann, leise wie er gekommen war, verschwand er wieder und kehrte zu der Nachbarin zurück. In dieser Zeit, die für Leonie mit Philipps Besuchen verbunden war, verschwand die komische Nervosität, ja schon Angst, die sie schon seit Monaten begleitet hatte, und für die ihr einfach keine Erklärung einfallen mochte.

GEDANKEN ZUM THEMA: „GEBORGENHEIT"

_____

_____

_____

_____

_____

_____

_____

Sie hatte ein paar Ideen. Aber keine, die ihr sinnvoll vorgekommen wäre. Zwar grübelte sie, vor allem vor dem Einschlafen, in alle Richtungen; zumeist war das aber vollkommen umsonst.

Das einzig Gute am Schlafen war nun Philipp, der auf ihrem Bauch lag.

Von Philipp konnte man zwar nicht sagen, dass er ihr zugelaufen wäre, aber trotzdem hatte diese kleine Katze etwas verändert. Wer weiß, was er in seiner Katzensprache so von sich gegeben hatte.

Jedenfalls hatte mit Philipp alles begonnen, und nach ihm begannen die Streuner zu ihr zu kommen. Allerdings war dies nicht immer die richtige Bezeichnung dafür. Manchmal half Leonie auch nach. So wie an dem Tag, an dem sie sich wegen Rocco mit dem Katzenfänger angelegt hatte, an dem sie Inga, die jemand auf die Straße getrieben hatte, mit einem Sprung in letzter Sekunde gerettet hatte. Oder wie sie auf einen Baum geklettert war um die kleine rote Katze aus dem Baumwipfel zu befreien – und das, obwohl sie bis zu diesem Tage eigentlich davon ausgegangen war gar nicht klettern zu können.

Es hatte also vielleicht doch nur bedingt mit Philipp – und mehr mit Leonie zu tun.

Davon abgesehen: Diesmal waren es wirklich Streuner, und Leonie war zum ersten Mal fast froh darüber, dass Papa ausgezogen war. Vor ein paar Monaten noch war ihr das als das Schlimmste erschienen, was je hätte passieren können.

Papa hatte eine Freundin, zu der war er gezogen, und dadurch gab es viel Platz in Leonies und Mamas Wohnung.

FRAGEN

Ist Leonie mutiger als sie selbst denkt?

Kommt Dir ihre Angst bekannt vor?

Würdest Du auch so handeln wie sie?

Falls ja- warum?

Kannst Du ein Beispiel aus Deinem eigenen Leben nennen?

GEDANKEN ZU „MUT & ANGST"

_____

_____

_____

_____

_____

_____

_____

_____

_____

_____

_____

_____

_____

_____

_____

_____

_____

Die Wohnung hatte nun manchmal etwas Unheimliches an sich. Obwohl Leonie schon lange nicht mehr an Gespenster glaubte, zog sie jetzt doch ab und zu einen Vorhang zur Seite, um nachzusehen, ob sich nicht vielleicht doch jemand dahinter verbarg. Auch unter dem Bett sah sie nach. Doch dann hatte Mama eine Idee: Sie hängte alle Vorhänge ab, und sagte nur: „Machen wir es einfach wie die Holländer, die brauchen auch keine Gardinen!". Papas restliche Habseligkeiten verstaute sie, gemeinsam mit Leonie, unter dem Bett. Nun hätte weder ein Einbrecher noch ein Gespenst noch Platz gehabt. Und überhaupt: Wer wollte da schon zwischen Papas altem Kram herumliegen?

Doch dann, als die Katzen nach und nach kamen, wurde die Wohnung lebendig. Alles wuselte und lebte auf eine Art, die Leonie geradezu liebte. .Sie baute, gemeinsam mit dem Nachbarn, Kratzbäume und eine kleine Holzleiter, sogar eine eigene Katzenklappe. Natürlich war sie darauf besonders stolz. Mama töpferte Katzengeschirr. Das bekam sie sehr gut hin. Die Wohnung war nun eine ganz neue geworden. Ein Zuhause, in dem sich alle wohl fühlten.

GEDANKEN ZUM THEMA „SELBSTWIRKSAMKEIT"

_____

_____

_____

_____

_____

_____

_____

_____

_____

_____

_____

_____

_____

_____

_____

_____

*Wort erklären

Wie leer hatte sich diese Wohnung angefühlt, wie ganz und gar trostlos.

Mama und sie waren die Zurückgebliebenen gewesen, die Zurückgelassenen, Abgelegten. Die, die Papa nicht mehr wollte. Lange hatte sich Leonie gefragt was sie wohl falsch gemacht habe. Wäre es möglich gewesen Papas Auszug zu verhindern? Aber, falls ja: Wie? Auch ihre Mutter fand auf derlei Fragen keine Antwort. Die Wohnung erschien lange Zeit als zu groß, zu leer und zu freudlos.

Alles erinnerte an Papa. Es roch sogar noch nach ihm. Mama hatte zwar die Fotos von der Wand genommen, aber trotzdem.

Das Fahrrad, welches er ihr repariert hatte, die kleine Kastanie, die er ihr im Herbst mitgebracht hatte, der kaputte, hellgrüne Papierdrachen im Keller und die blaue Wolldecke, die er ihr von einer Geschäftsreise mitgebracht hatte. Alles Erinnerungen, vorbei.

Für die Streuner-Kätzchen, allesamt Tiere, die schlecht behandelt oder ausgesetzt worden waren, war dies ein großes Glück. Sie alle fanden ihren Weg (oft durch Leonies Einsatz) zu Leonie, und sie alle fanden bei ihr ein neues Zuhause.

GEDANKEN ZUM THEMA „VERLUST":

_____

_____

_____

_____

_____

_____

_____

_____

_____

_____

_____

_____

_____

_____

_____

_____

_____

_____

„Wie willst Du das alles allein schaffen?" hatte sich ihre Mutter aufgeregt, doch es gab da eine Tierärztin, bei der Leonie ein Praktikum machte: Monika, die mit Nachnamen auch tatsächlich noch „Frau Dr. Katz" hieß. Ohne Monika hätte es Leonie wohl tatsächlich nicht geschafft ihre eigene kleine Katzenaufzucht zu betreiben; aber immerhin sind wir Menschen ja nicht immer allein mit diesen Dingen.

GEDANKEN ZUM THEMA: „ZUHAUSE"

GEDANKEN ZUM THEMA: „RESSOURCEN"

_____

_____

_____

_____

_____

_____

_____

_____

_____

_____

Nach einer Weile begann auch Leonies Mutter dabei mitzuhelfen, so dass Leonie mit den Katzen, alles in allem, gut zurechtkam. Zwar gab es manchmal besonders hartnäckige Fälle von Angst, wie zum Beispiel bei Inga, da aber Leonie selbst wusste wie sich Angst anfühlte, war sie so geduldig wie man es sich (besonders als Katze) nur wünschen konnte.

Vor allem achtete sie darauf, dass sich Inga niemals eingesperrt fühlte. Sie beachtete ihre Körpersprache und ließ Inga ihren eigenen Kopf. Das war zwar bei Katzen ohnehin nicht anders zu meistern, aber bei Inga brauchte es doch noch mehr als bei einer Katze, die Ingas schlechte Erfahrungen nicht teilte.

Leonie sprach immer ruhig mit ihr und bewegte sich nicht schnell, wenn Inga in der Nähe war. Sie vermied laute Musik und bemühte sich die Wohnung, und besonders Ingas Ecke, immer so zu belassen wie Inga das kannte und gewohnt war.

Abends spielte sie ihr Katzenvideos vor. In denen kamen keine Katzen vor, denn sie waren für Katzen. Es wurde dort beruhigende Musik gespielt. Leonie war sich nicht so ganz sicher, ob das das Richtige für Inga war, doch schaden konnte es sicherlich nicht. Inga entspannte sich immer ein wenig, wenn sie diese Musik hörte, doch gleichzeitig wirkte sie trotzdem noch immer angespannt und irgendwie auf das Schlimmste vorbereitet. „Was haben sie nur mit Dir gemacht?", seufzte Leonie nicht nur einmal. Wenn sie ihr doch nur helfen könnte wirklich Vertrauen in die Welt zu fassen!

GEDANKEN ZUM THEMA: „SKILLS"*

---

*Wort erklären

Sobald Leonie selbst von der Angst übermannt wurde begann sie zu malen. Meistes malte sie Katzen, aber auch andere Tiere. Dieses Malen half ihr sehr.

Es brachte sie in eine innere Ruhe die ihr wiederum auch half die Angst der Streuner, die ihr anvertraut waren besser ertragen zu können. Die Angst anderer zu ertragen ist nämlich gar nicht immer so leicht wie man es sich vielleicht vorstellen mochte.

Manchmal konnte man sich anstecken und die eigene Angst wuchs viel mehr als sie es sonst getan hätte. Sie wurde so groß, so, als würde sie sich vor alles schieben, über alles legen und das, was gut war, wegdrängen.

Beim Malen aber verflog das, vor allem während sie malte.

Häufig genug hielt es aber auch danach noch lange an, was Leonie wirklich half. Sie war in diesen Momenten wie in einer ganz anderen Welt. Es gab in diesen Augenblicken nur noch das Papier, Farbe, Pinsel und Stifte. Alles andere trat für diese Zeit zurück.

GEDANKEN ZUM THEMA: „ANGST & ANGST-VERARBEITUNG" („FLOW"- Wort erklären)

_____

_____

_____

_____

_____

_____

_____

_____

_____

_____

_____

_____

_____

_____

_____

_____

_____

_____

_____

_____

FRAGEN:

Kennst Du ähnliche Angst-Gefühle auch?

Gibt es etwas, das Dir in solchen Situationen hilft?

Was hilft in solchen Situationen überhaupt nicht?

Was verstärkt die Angst noch?

Was würdest Du Leonie, (abgesehen vom Malen), noch empfehlen?

Was tut Leonie, um einer unangenehmen Situation zu entkommen?

Was tut Philipp, um einer unangenehmen Situation zu entkommen?

Was würdest Du tun, um einer unangenehmen Situation zu entkommen?

Wie hat Leonie ihre Angst in der Vergangenheit schon überwunden?

Was daran hat ihr, Deiner Meinung nach, am meisten geholfen?

Warum Inga, die Katze, so scheu war konnte Leonie also nicht sagen. Sie hatte bestimmte Vermutungen. Vieles wies darauf hin, dass Inga geschlagen worden war. Monika, der Tierärztin, waren kleinere Narben unter Ingas Fell aufgefallen. Zudem war Inga ganz bemerkenswert schreckhaft, und sie hasste verschlossene Räume. Selbst Leonie gegenüber gab sie sich reserviert und ängstlich. Normalerweise gab es keine Katze, die Leonie jemals über einen so langen Zeitraum hinweg misstraut hätte. Dieser also musste etwas sehr Schwerwiegendes passiert sein; da war sich Leonie sicher. Doch gab es da noch eine andere Katze. Eine Katze, die in Ingas Leben noch eine Rolle spielen würde, und zugleich eine Katze, die Leonie immer und immer wieder malte. Von dieser möchte ich nun erzählen. Sie trug den italienischen Namen „Dottoressa"; meistens aber wurde sie „Dotti" genannt. Dotti war ebenfalls eine Streunerin. Als schwarze Katze hatte sie nicht die besten Karten. Noch immer halten sich, auch in unserer Zeit, leider noch zahlreiche Vorurteile über Katzen mit dieser Fellfärbung. Monika, Leonies Tierärztin jedoch, war von so etwas nicht zu beeindrucken. Zum Glück, muss ich sagen. Und hätte die Tierärztin damals in ihrem Neapel-Urlaub nicht alle Bedenken über Bord geworfen, um Dotti über die Grenze zu schmuggeln, (was absolut verboten war, und ihr als Tierärztin ein großes Schlammassel hätte einbringen können), wäre Dotti wohl noch immer eine der vielen Streunerinnen auf den Straßen von Neapel- oder aber, was leider noch viel wahrscheinlicher gewesen wäre, schon gar nicht mehr am Leben. Monika hielt sich normalerweise streng an alle möglichen Regeln, diese jedoch ging über das, was ihr Herz verkraftet hätte.

Als die Tierärztin Dotti gefunden hatte, war diese ein kleines, schwarzes, zottiges, fiebriges und völlig unterernährtes Bündel gewesen, zitternd vor Angst und mit einem so schwer entzündeten Auge, das nicht klar war, ob sie überhaupt durchkommen würde. Monika, beziehungsweise Frau Dr. Katz, (so hieß die Tierärztin wirklich), wischte alle Vorschriften und Bedenken zur Seite, setzte sich gegen ihren Mann Robert durch, und schmuggelte Dotti über den Brenner nach Deutschland.

Es war unfassbar und stand in keinem Verhältnis wie schnell Dotti sich erholte.

Ihr Auge heilte in nur einer Woche vollständig ab. Frau Dr. Katz hatte es vorsorglich operiert. Dotti nahm an Gewicht zu, das Fieber verschwand so wie ihre Angst.

GEDANKEN ZUM THEMA: „MUT"

_____

_____

_____

_____

_____

_____

_____

_____

_____

_____

_____

_____

_____

_____

Niemals zuvor hatte Frau Dr. Katz ein glänzenderes, seidigeres Fell gesehen als bei ihrer kleinen Dotti. Dazu muss gesagt werden, dass Frau Dr. Katz schon viele prachtvolle Pelzträger in ihrer Praxis behandelt hatte, doch Dotti war unübertroffen. „Sie ist eben Italienerin!", stellte der Ehemann von Frau Dr. Katz fest. Dies musste als Erklärung ausreichen, denn über Italienerinnen und Italiener ließ er nichts kommen - in keiner Hinsicht. Was am meisten verblüffte war das Vertrauen, welches Dotti jedem entgegenbrachte. Bei einer Streunerin war das mehr als ungewohnt. Leonie kannte sich damit aus. Einige ihrer Streuner und Streunerinnen oder ausgesetzten Tiere (egal ob es sich um einen Hund, eine Katze oder um ein Meerschweinchen gehandelt hatte), waren erst nach langwierigen Versuchen in winzigen Schritten auf sie zugekommen, hatten ihr ein Vertrauen gezeigt, welches für sie nun nicht mehr selbstverständlich war. Bei manchen dauerte es Monate, einmal sogar Jahre und ab und zu, so sehr Leonie das auch bedauerte, manchmal klappte es überhaupt nicht. Einige der Tiere waren schlecht behandelt worden; geschlagen, vernachlässigt, ausgesetzt. Es gab für sie keinen Grund mehr einem

Menschen zu vertrauen, auch wenn sie spürten, dass Leonie es gut mit ihnen meinte. Doch in manch´ vertrautem Augenblick, zum Beispiel wenn es eine Katze sich auf Leonies Arm bequem gemacht hatte, konnte es passieren, dass inmitten des Schnurrens und Genießens eine alte Angst in ihr auftauchte; eine schlimme Erinnerung, so dass sie mit einem Satz aus Leonies Armen floh. Leonie wusste, dass diese Tiere mehr Geduld, mehr Verständnis und Liebe brauchten als Tiere, denen noch nie etwas Vergleichbares widerfahren war.

GEDANKEN ZUM THEMA: „VERTRAUEN"

_____

_____

_____

_____

_____

_____

_____

_____

_____

_____

_____

_____

_____

_____

AUFGABE: Beschreibe eine Situation in der ein absolutes Vertrauen zwischen zwei Personen besteht. Es können auch Tiere sein. Wichtig ist, dass das Vertrauen im Vordergrund steht:

_____

_____

_____

_____

_____

_____

_____

_____

Doch Dotti, Italienerin hin oder her, verblüffte von Anfang an mit dem großen Vertrauen, welches sie in die Menschen setzte. In die Menschen und in die Tiere. Bald war sie aus der Praxis von Frau Dr. Katz nicht mehr wegzudenken.

Sie saß im Wartezimmer, und etwas Merkwürdiges, Unmerkliches geschah, wenn sie dort war. Katzen, die von ihren Herrchen und Frauchen mitgebracht worden waren, erschienen ruhiger, Hunde hörten auf zu knurren, Vögel plusterten sich zufrieden auf.

Frau Dr. Katz schüttelte lachend den Kopf, weil Dotti alles infrage stellte, was sie in ihrem Studium über das Verhalten der Tiere gelernt hatte. „Aber sie ist Italie---"

Diesmal ließ Frau Dr. Katz ihren Mann nicht aussprechen. Eine solche Erklärung schien ihr nun doch, bei aller Italien- Liebe, etwas albern zu sein.

Leonie, die oft bei Monika aushalf, war selbst verblüfft. So etwas war ihr tatsächlich auch noch niemals untergekommen. Wie machte das diese kleine Katze nur? Wie war es ihr gelungen die schwere Vergangenheit so hinter sich zu lassen?

GEDANKEN ZUM THEMA: „RESILIENZ"*

_____

_____

_____

_____

_____

_____

_____

_____

_____

_____

_____

_____

_____

_____

_____

_____

_____

_____

*Wort erklären

Zunächst wälzte sie ihre Studienbücher, um einen möglichen Hinweis auf dieses Verhalten zu bekommen, dann löcherte sie das Internet- beides ohne brauchbare Ergebnisse.

Schließlich nahm sie es ie es war und hörte damit auf noch weiter darüber nachzudenken. Schließlich folgte für Dotti die Beförderung auf eine ganz unkonventionelle Art- wobei das vermutlich nicht besonders verwunderlich ist, da ja alles an Dotti irgendwie unkonventionell und einmalig war.

Im Ergebnis zeigte sich in Dottis Beförderung, dass sie zur direkten Assistentin von Frau Dr. Katz geworden war.

Sie war eine ganz besondere Assistentin, so viel stand schon mal fest. Leonie war Zeugin. So etwas wie die kleine Dottoressa hatte sie noch nie erlebt.

Frau Dr. Katz behielt manchmal Tiere über Nacht da.

Dies war erforderlich, wenn eines dieser Tiere operiert worden war. Dort trat Dotti dann zum ersten Mal als Assistentin in Erscheinung – und das mit großem Erfolg.

GEDANKEN ZUM THEMA: „EMPATHIE"*

_____

_____

_____

_____

_____

_____

_____

_____

_____

_____

_____

_____

_____

_____

_____

_____

_____

*Wort erklären & „Selbsttranszendenz"

Sie hatte sich neben den frisch operierten Retriever gelegt, der, tief in eine Decke gewickelt, vor Schmerzen und vor Heimweh zu Winseln begonnen hatte.

Frau Dr. Katz zögerte ihm weiterhin Schmerzmittel zu verabreichen.

Während sie hin und her überlegte, hatte sich Dotti dem Patienten vorsichtig genähert, ihre Tatze mit den eingezogenen Krallen auf ihn gelegt und beruhigend zu schnurren begonnen.

Das Winseln wurde leiser, die Atmung ruhiger. Dotti war ein Naturtalent.

Sie kam mit jeder Art von Hund klar.

Der Retriever blieb nicht der einzige, mit dem sie Freundschaft schloss. Leonies Begeisterung für Dotti kannte keine Grenzen.

„Ich gratuliere Ihnen, Kollegin", hatte daraufhin Frau Dr. Katz mit einem erleichtertem Lächeln zu Dotti gesagt.

Diese jedoch ließ sich durch nichts ablenken. Die ganze Nacht blieb sie bei ihrem Patienten.

GEDANKEN ZUM THEMA: „FÜRSORGE"*

_____

_____

_____

_____

_____

_____

_____

_____

_____

_____

_____

_____

_____

_____

_____

_____

_____

Ähnliches wiederholte sich in den kommenden Wochen so häufig, dass sich Frau Dr. Katz die operative Nachsorge ohne Dotti gar nicht mehr vorstellen konnte. Ab und zu wurde Dotti nun auch während der Operation eingesetzt. Unmittelbar vor der Narkose gelang es ihr zuverlässig die jeweiligen tierischen Patienten zu beruhigen. Während der Operationen wurde sie zu einer großen Hilfe für Frau Dr. Katz, die gelegentlich, insbesondere bei sehr komplizierten Eingriffen, ein wenig nervös wurde. Dotti tröstete sie sogar, wenn sie den Teil ihres Berufes ausüben musste, den sie selbst am traurigsten fand: Wenn es nämlich darum ging ein krankes Tier einzuschläfern, war auch eine geübte Ärztin wie Frau Dr. Katz immer wieder ein wenig von der Rolle. Auch Leonie stand Monika zur Seite. Auf ihre eigene Art. Etwas in ihr begann innerlich zu zittern, wenn eines der Tiere eingeschläfert werden musste. Trotzdem wusste sie es nicht nur, sie spürte es auch: Es war gut, dass es die Möglichkeit gab ein leidendes Tier auf diese Art zu erlösen. Insgesamt fühlte sie sich in diesen Momenten stärker als Monika. Obwohl diese viel älter und erfahrener war als sie, kam Monika mit dem Einschläfern noch immer nicht zurecht. Vielleicht auch gerade deshalb. Immerhin könnte es sein, dass man dem Tod gegenüber empfindlicher wird, je öfter man ihm begegnet. Vor allem ging es Leonie darum für Monika da zu sein. Dotti ihrerseits half mit ganzem Körpereinsatz. Sie war zuverlässig wie immer, und stupste ihre kleine, warme Stirn gegen die nervöse, traurige Stirn von Frau Dr. Katz, bis sich diese wieder zumindest ein klein wenig besser fühlte. Bei manchem verwaisten Herrchen oder Frauchen ruhte sie ein wenig in den Armen und ließ sie ihr glänzendes, warmes Fell streicheln, während die ein oder andere Träne auf sie niedertropfte. Kurzum: Dotti war einfach unbezahlbar. In Leonie war daher der Plan gereift Dottis psychologische Kenntnisse für ihre eigenen Schützlinge zu nutzen. Für ihre ehemaligen Streuner, die, wenn sie auch keine äußerlichen Verletzungen mehr aufwiesen, doch Verletzungen in sich trugen. Würde Dotti auch ihnen helfen können? Leonie war mehr als zuversichtlich. Zuerst wollte sie mit Rocco, einem ausgesetzten Kater, der zudem nur knapp, und mit Leonies mutigem Einsatz, einem Katzenfänger entkommen war, in der Praxis vorbeischauen.

Vorbeizuschauen war jetzt nicht mehr so einfach, da, besonders durch die zauberhafte Dotti, die Kleintierpraxis von Frau Dr. Katz zur ersten Adresse am Ort geworden war.

Aber Leonie hatte einen besonderen Draht zu Monika, der Ärztin. Während Leonie ein Schul-Praktikum in Monikas Praxis durchgeführt hatte, waren die beiden so etwas wie Freundinnen geworden. Sicherlich hatte Moni eine Idee wie man Rocco und Dotti zusammenbringen konnte. Und eine Frage kostete nichts.

„Komm doch am Sonntag bei uns zuhause vorbei!" schlug Monika vor.

„Sieht so aus als käme meine Mutter mit einem ihrer berühmten Kuchen vorbei, und der reicht mit Sicherheit für uns alle! Na, wie sieht´s aus?"

Leonie nickte mehr als zufrieden. Der Kuchen war ihr zwar nicht besonders wichtig, dafür aber die Möglichkeit auf diesem Weg eine Hilfe für ihren Schützling zu bekommen.

Rocco, ein wunderschöner, kräftiger Langhaarkater, folgte Leonie auf dem Weg zu Monis Haus.

GEDANKEN ZUM THEMA: „INITIATIVE"

_____

_____

_____

_____

_____

_____

_____

_____

_____

_____

_____

_____

_____

_____

_____

_____

_____

_____

Das hatte er sich angewöhnt. Er folgte ihr wie ein kleiner Hund, und nur wenn ein echter Hund um die Ecke kam, versteckte er sich im Gebüsch bis die Luft wieder rein war und Leonie ihn rief.

Diesmal, auf dem Weg zu Monika allerdings, war weit und breit niemand zu sehen. Quer über die Wiese folgte Rocco Leonie bis sie dann endlich bei Monika ankamen. Dotti saß bereits vor der Tür wie eine formvollendete Gastgeberin. Sie hatte beide Vorderpfötchen exakt parallel nebeneinandergestellt, was einen enorm eleganten Eindruck hervorrief. Rocco zögerte zunächst, dann, Leonie hatte ihn noch nie zuvor so gesehen, setzte er sich neben sie. Um genauer zu sein: Er setzte sich in das Gras. Den Kopf seitlich auf Dottis Stirn gebettet. Dotti begann zu schnurren, erst leise, dann immer lauter. Rocco rückte ein wenig näher heran und Leonie beschloss die beiden erst einmal sich selbst zu überlassen. Im Haus wartete Monika mit ihrer Mutter und einer Torte, die für Leonies gesamte Schulklasse ausgereicht hätte. Sie bestand aus mehreren Stockwerken. Echt unfassbar! Leonie schüttelte den Kopf. Wie sollte Monika dieses Ungetüm vertilgen? „Nimm doch ein Stück", drängte sie Leonie, doch diese winkte ab. Sie hatte keinen großen Hunger.

Die Neugier, wie und ob es Dotti gelingen würde in Rocco das Vertrauen wieder aufleben zu lassen, war weitaus größer. Als sie die beiden fand, spielten sie gerade miteinander. Sie wirkten so vertraut, als wären sie bereits seit Jahren die engsten Freunde. Keiner der beiden achtete auf Leonie, die ihrerseits begeistert bemerkte wie sehr bereits dieses kurze Zusammensein mit Dotti ihrem Rocco half. Auf dem Rückweg wirkte er sogar mit ihr ein klein wenig vertrauter, und wer Rocco kannte, der wusste, dass dies wirklich etwas ganz Besonderes war. Sicher war es noch ein weiter Weg, aber mit Dotti an ihrer Seite würde es ein sehr viel fröhlicherer werden. Das stand sowieso schon einmal fest. Und Inga würde sie mit Dottis Gegenwart auch helfen können – da war sie sich sicher. Immerhin hatte sie Inga nun bereits seit vier Jahren bei sich. Zu Beginn hatte sie sich ihr noch nicht einmal auf zwei Meter nähern können. Bis sie sie schließlich zum ersten Mal auf den Arm nehmen konnte, waren ganze drei Jahre ins Land gezogen. „Keine Sorge, Dotti bekommt das hin!", versprach selbst Monika Leonie.

Und tatsächlich! Leonie war dreimal mit Inga bei ihr gewesen, dann noch einmal mit Rocco. Wie genau Dotti es angestellt hatte kann ich unmöglich wissen, doch führte sie Inga und Rocco zusammen. Eigentlich kann von einem Zusammenführen kaum die Rede sein, da die beiden ja sowieso schon beide bei Leonie wohnten. Bisher waren sie sich allerdings ausdrücklich aus dem Weg gegangen. Dotti, mit all ihrem Charme, hatte es geschafft, und obwohl Leonie davon überzeugt war, dass Dotti wirklich alles schaffen konnte, was sie sich nur in den Kopf gesetzt hatte: Diesmal war sogar Leonie verwundert. Die beiden waren so verliebt wie man nur sein konnte. Aus Rocco war ein richtiger Schmuser geworden, und Inga hatte ihre Scheu vollkommen abgelegt. Die beiden waren unzertrennlich. Sie erkundeten gemeinsam die nähere Umgebung, lagen in den Nächten dicht nebeneinander und es war fast nicht möglich den einen ohne die andere zu sehen – und umgekehrt. Bald hatte Inga Nachwuchs bekommen. Und so war sie Mutter und Rocco Vater geworden.

Eine wirklich gute Katzenmutter, das war nicht zu leugnen gewesen

GEDANKEN ZUM THEMA: „ERFOLG"

Wie gern war sie dieser Aufgabe nachgekommen!

Manchmal noch schien die alte Angst in ihr wieder an Macht zu gewinnen, doch immer wieder leuchtete etwas in Inga auf.

Etwas, das stärker zu sein schien als diese Angst.

Vor allem dann, wenn es um ihre Kleinen ging. Sie hatte sie mit einem Löwenmut gegen jeden verteidigt.

Wie sehr hatte sich Leonie genau diesen Mut gewünscht. Ihrer rutschte zuweilen ab, dann kamen die Ängste wieder.

In solchen Momenten ärgerte sich Leonie über sich selbst, aber das half natürlich auch nicht weiter. „Komm zurück", sagte sie in solchen Momenten zu ihrem Mut. Manchmal hörte er auf sie. Das erstaunte sie gehörig. Allerdings – gewöhnen konnte man sich schnell daran. Trotzdem fühlte sie sich durch die Tatsache bedroht, dass sie, entgegen ihrer Erfolge und Fortschritte dann doch immer mal wieder so von dieser Angst eingeholt wurde. Ohne groß darüber nachzudenken führte sie etwas fort, das ihr bereits früher geholfen hatte.

GEDANKEN ZUM THEMA: „RÜCKFALL"

Zu dieser Zeit hatte sie erneut damit begonnen zu malen.

Sie malte Katzen auf kleine Streichholzschachteln, Holzdöschen, auf Knöpfchen und hölzerne Kettenanhänger.

Einen Teil trug sie immer bei sich. Es waren mehr als Glücksbringer.

Leonie nannte sie „Verknüpfungen", weil sie, immer wenn sie eines der Bildchen sah oder berührte an ihre Katzen denken musste. An ihre Katzen, und an den Mut den sie trotz allem, oder besonders trotz allem, bewiesen. Das hatte Leonie imponiert.

Sehr sogar. Nichts erinnerte mehr an die einst so scheue Inga. Niemand hatte sie mehr stoppen können. Sie beschützte jedes ihrer Kleinen mit einer Courage, die Leonie stolz machte. Rocco tat es ihr gleich. Häufig malte sie auch Dotti, denn die kleine Dottoressa hatte es ihr ganz besonders angetan.

Aber nun, da die Katze etwas in die Jahre gekommen war, und ihre Kinder das Haus verlassen hatten, schlief sie am liebsten oder gab sich zumindest außerordentlich gelangweilt.

So auch heute: Vergessen waren die Tage der Kindheit und Jugend, offenbar verlangte sie nun am meisten nach Ruhe. Rocco ging es ähnlich.

Wurden die beiden schwermütig? „Es ist mal wieder Zeit für Dotti!", dachte sich Leonie. Zwar war auch Dotti nicht mehr die Jüngste. Doch hatte sie nichts an Liebenswürdigkeit und Ausstrahlung verloren.

„Ich bringe sie Dir morgen vorbei!", versprach ihr Monika- und hielt Wort, so wie immer. „Wie schön Dich wieder zu sehen, Dotti!". Leonie fühlte sich so glücklich wie schon lange nicht mehr. Dotti war so stark mit ihrer eigenen Jugend verknüpft- wie eine lang zurückliegende Erinnerung. Und doch gab es sie noch. Sie war nicht nur eine Erinnerung. Dotti war viel mehr als das.

Da war sie also, diese einst winzige, schwarze Katze, die nun so imposant wirkte wie eben nur eine echte italienische Dottoressa es vermochte. Inga gähnte zunächst demonstrativ, so wie immer, dann aber nahm sie Dotti wahr.

Mit einem Mal klappte sie ihre Ohren spitz nach hinten, und tappte dann in betonter Langeweile zu Leonie hinüber.

Dann, in einem plötzlichen Anfall von Bewegungs- freude, ganz so wie früher, sprang sie mit einem geschickten Satz auf Leonies Schoß, hangelte sich an ihrem Oberkörper hoch und kringelte sich beinahe wie ein Kissen um ihren Kopf.

Dotti beobachtete sie nebenher. Schließlich begann sie laut zu schnurren.

Das Schnurren vibrierte über Leonies Kopf, durch ihren ganzen Körper, und sie begann sich wohl zu fühlen. „Du bist eben doch die Beste", sagte sie mit geschlossenen Augen zu Inga, die daraufhin noch stärker schnurrte. Leonie wurde es ganz warm. Nun kam auch Rocco aus seinem Versteck vom Speicher her, um den Besuch zu begrüßen. Zärtlich rieben sie die Köpfe aneinander. Rocco lief nun zwischen Dotti und Inga hin und her. Schließlich kam auch Inga zu Rocco und zu Dotti und legte sich mit ihnen auf die Fließen des Küchenfußbodens in die Sonne. Deren Strahlen fielen in einem warmen Winkel durch das Küchenfenster. Leonie fragte sich an was die drei jetzt wohl dachten .Ob Dotti an ihre Zeit in Italien dachte? Und Inga daran wie sie ihre Kinder beschützt hatte? Ob Rocco an den Katzenfänger dachte, dem er entkommen war?

In letzter Zeit war sie öfter nervös gewesen, einiges war ihr nicht mehr so gelungen wie früher.

Wenn das Malen nicht gewesen wäre, hätte sie noch weniger gewusst wie sie sich selbst von dieser Angst befreien hätte können.

Jetzt, als Dotti hier war, bemerkte sie davon nichts mehr. Trotzdem beschloss sie, genau in diesem Augenblick, mit Monika über ihre Angst zu sprechen.

Sie war immerhin Ärztin. Wahrscheinlich kannte sie eine Kollegin, die sich mit so etwas wie Nervosität und Ängsten gut auskannte. Und Dotti hatte sie auf die Idee gebracht. „Schon merkwürdig", sprach sie zu sich selbst. „Aber auf eine tolle Art!"

Es gab da zwar eine Frau Dr. Hühnerklein in der Gegend...aber Leonie wusste, ehrlich gesagt, nicht so recht, was sie von dieser halten sollte.

Sie dachte an den Löwenmut der Katze, nicht nur an Ingas, und fast kam es ihr so vor, als würde sich dieser durch die Anwesenheit von Inga, Rocco und Dotti direkt auf sie übertragen. Mit den Katzen an ihrer Seite konnte nun doch einfach nichts mehr schiefgehen! Und mutig, das wusste sie, war sie trotz ihrer Angst. Wer sonst hätte sich mit Katzenfängern angelegt, Streuner von Dächern und

Straßen gerettet und die Dottoressa bei Monikas schwersten Aufgaben unterstützt? Sie selbst. Leonie wusste das nun, und es gab ihr Kraft.

GEDANKEN ZUM THEMA: „HILFE"

Etwa zur gleichen Zeit, höchstens drei oder vier Tage später fegte ein schwarzer Blitz in Leonies Leben: Bandit. Er kam mit nur einem Satz durch das Fenster, begutachtete alles interessiert und wurde weder von Inga noch von Rocco vertrieben.

Von Dotti natürlich gleich gar nicht.

Offenbar war Bandit ein Streuner aus Leidenschaft und ein besonders schönes, kräftiges Tier.

Lang hielt es ihn nicht bei Leonie. Doch lang genug um ihre Katzen sowie Dotti kennenzulernen.

Als Bandit wieder von ihr fortging, trotz Dotti und trotz des gemütlichen Zuhauses da fühlte sich Leonie irgendwie angesteckt und wollte es ihm gleichtun. Ihre Freude auf das Abenteuer übertraf ihre Angst. Zumindest jetzt, in diesem Augenblick wollte sie das genießen.

„Vielleicht fange ich mal mit Italien an? Was meinst Du Dotti?" Dotti umschnurrte ihre Hand und wirkte zufrieden, wie immer.

„Das nehme ich mal als ein „Ja" „, beschloß Leonie, während sie gleichzeitig überlegte, welche Tasche sie für ihre Reise am besten nehmen sollte.

„Egal welche es sein wird". Denn eins stand fest: Sie würde ihre Buttons mitnehmen, ihre kleinen Bilder die sie von den Katzen gemalt hatte, die Streichholzschachteln mit den aufmunternden Sätzen darin. All dies wäre bei ihr. Und gute Freunde, na ja, die nimmt man nun einmal mit den den Urlaub.

FRAGEN:

Was macht Leonie für Katzen so besonders?

Wie hilft Leonie den Katzen?

Wie hilft ihr das selbst?

Wie wichtig ist es sich selbst Hilfe zu holen?

Gibt es manchmal, auch in Deinem Leben Situationen, die Dir – nach einiger Zeit- gar nicht mehr so schlimm zu sein scheinen?

Beschreibe wie sich Leonie selbst hilft.

Was zeichnet Leonies Handeln aus?

Findest Du ihr Handeln erfolgreich?

Bonus-Geschichte: „Räuber", Thema: Freundschaft

Kai und Räuber

Ebenso froh wie Lukas über die Wiederkehr Lunas, der Eule, war, war auch Kai, als er endlich seinen geliebten alten Schäferhund „Räuber" wiederhatte. Räuber begrüßte ihn so stürmisch, dass Kai beinahe das Gleichgewicht verloren hätte. „Hey, gehst du jetzt gleich mit mir joggen?" wollte er von Räuber wissen? Das brauchte er Räuber allerdings kein zweites Mal fragen. Sobald Kai sich die Turnschuhe anzog stand Räuber wie immer aufgeregt mit dem Schwanz wedelnd neben ihm und konnte es kaum abwarten bis es losging. Kai war ein schneller Läufer und schon immer der sportlichste Junge der ganzen Klasse gewesen. Lukas rannte zwar auch nicht gerade schlecht, aber das Training mit Räuber war doch etwas ganz Anderes – gewesen. Zu seinem großen Entsetzen bemerkte Kai, dass Räuber beim heutigen Lauf die Luft ausging, und dass der so ausdauernde Hund, der immer vor ihm gelaufen war nun zurückfiel, immer langsamer und erschöpfter wurde. Kai setzte sich auf den Waldboden und wartete darauf, dass Räuber schnell wieder zu ihm aufschließen würde. Schließlich kam er angetrottet und setzte sich ebenfalls. Kai sah ihn sich genau an um zu sehen, ob es etwas gab das auf eine Krankheit von Räuber hinweisen könnte. Wenn jetzt nur Lukas da wäre. Der kannte sich mit so etwas viel besser aus. Nun blieb ihm allerdings nichts anderes übrig als selbst hinzuschauen. Räuber sah eigentlich aus wie immer, nur, dass das Fell in seinem Gesicht mit einem Mal auffällig grau und stumpf aussah. Kai erschrak denn es würde ihm mit einem Schlag bewusst, dass Räuber alt geworden war, dass er schwächer wurde, und dass er nicht für immer mit ihm durch den Wald würde rennen können. „Das macht doch nichts Räuber", sprach er auf ihn ein wie um ihn zu trösten. Im Grunde wollte er sich allerdings auch selbst ein wenig trösten. „Wir brauchen nicht zu rennen weißt du? Wir können auch ganz gemütlich miteinander spazieren gehen." Räuber blickte ihn aus seinen dunklen Augen treuherzig an und Kai, der einen dicken Kloß im Hals verspürte, versuchte sich mühsam zu beruhigen, was gar nicht so leicht war. Schließlich stand er auf und lief langsam los. Räuber folgte ihm. „Es hat echt auch Vorteile langsam zu gehen" wiederholte Kai seinen tapferen Versuch sich und Räuber zu trösten. „Man sieht viel mehr von der Umwelt". Räuber sah ihn wieder an mit seinem mittlerweile so grauem, schmalen Gesicht und wedelte glücklich mit dem Schwanz. „Ich werde immer mit dir in den Wald gehen, Räuber", versprach er ihm noch. „Und wenn ich dich tragen muss." Kai meinte das genauso wie er es sagte. Niemals hätte er seinen Hund im Stich gelassen. Er erinnerte sich an die Nacht, an dem er und Lukas Räuber aus der Waldhütte des alten Simon entführt hatten, weil sein Vorbesitzer ihn schlecht behandelte. Seither gab es für Kai keinen Tag ohne seinen „Räuber" – von der kurzen Zeit in Holland einmal ganz abgesehen. Ruhig und gemächlich liefen die beiden den Weg gemeinsam zurück nachhause. Und da es tatsächlich ab und an Vorteile hat langsam zu gehen sahen sie eine ganz besondere Eule. Es war natürlich Luna. Und ein Tag an dem man Luna sah konnte wahrlich niemals, niemals ein schlechter Tag sein. Tatsächlich traf er kurz darauf noch auf Lukas. Das war schon mal ein weiteres gutes Zeichen. Und es war der Tag, an dem Räuber auf Dotti traf. Auf Dotti und auf Leonie. Was sie zu Kai sagte, klang lange in ihm nach. „Es gehört Mut dazu bei einem Freund zu bleiben dem es schlecht geht. Bei einem Freund zu bleiben der vielleicht sogar stirbt. Viele haben gerade davor die meiste Angst, doch du denkst nicht an Deine Angst. Du denkst an Räuber und daran, wie du für ihn da sein kannst. Das finde ich sehr mutig von Dir." Sie lächelte. „Von Euch beiden", verbesserte sie sich selbst und bezog Lukas nun mit ein. Dotti umschnurrte Räuber und Kai grinste überaus zufrieden.

Ja, ein Tag, an dem man Luna traf konnte eben wahrlich niemals ein schlechter Tag sein.

Glücksbuttons von Anke Hartmann als
therapeutische Materialien.*

*Sie können auch mit kleinen, affirmativen Zettelchen versehen werden. „Du bist stärker als Du denkst", „Du schaffst das", „Du bist nicht allein". Aber auch (bei tieferen therapeutischen Prozessen: „Es ist nicht Deine Schuld", „Du darfst das loslassen" usw.) Wie bereits erwähnt können das auch selbst entworfene Bilder, Buttons etc. sein. Dies hier ist lediglich ein Vorschlag.

Claudia J. Schulze ist Autorin und Bibliotherapeutin. Studium der Psychologie, Philosophie Pädagogik und Literaturwissenschaften. Sie arbeitet in eigener Praxis psychotherapeutisch mit Kindern, Jugendlichen und Erwachsenen, und entwickelt interdisziplinäre therapeutische Materialien. Zudem ist sie Trauerbegleiterin für Einzelpersonen und für Familien. Bereits in ihrer Diplomarbeit, später dann auch während ihrer Promotion, befasste sie sich mit der Frage, inwiefern Literatur sich auf therapeutische Prozesse positiv auswirkt. Kontakt: **CJ.Schulze@gmx.de** Praxis Dr. Claudia J. Schulze, Grünberger Str. 8, 78052 VS-Villingen Ein Großteil des Gewinns aus den Büchern kommt Einrichtungen wie Palliativ- und Rehabilitationseinrichtungen für Kinder und einem Kinderhospiz zugute.

Anke Hartmann (Illustrationen) ist Künstlerin, Illustratorin, Kinderbuchautorin und Geschäftsführerin einer Leipziger Grafik-Werkstatt und des Raumkind-Verlages. Ihre ausdrucksstarken und liebevoll gestalteten Bilder erfreuen sich großer Beliebtheit. Anke Hartmann ist Autorin des Buches: „Die letzte Reise" (Raumkind Verlag). Kleine Träumereien am Lindenauer Markt, Leipzig.

Bei ihr sind die Buttons und Bilder zu erwerben. Diese können therapeutisch eingesetzt werden, so wie in diesem kleinen Arbeitsheft erwähnt, „Dotti" ist selbstverständlich auch vertreten. Je nach Belieben kann sie natürlich auch anders genannt werden. Es gibt noch weitere „Schutztiere" und „Glücksbringer", die ja eher „Verknüpfer" sind (siehe dazu den Text oben,

Alle in diesem Buch verwendeten Bilder können bei Anke Hartmann persönlich in Leipzig als Poster, Postkarte, Button, bedrucktes Kissen etc. bestellt werden.

Glückskästchen Hinweis: In der therapeutischen Arbeit kann auch mit „Postern", mit „Glücksbuttons" oder „Glücksschächtelchen" gearbeitet werden. Diese kann man bei sich tragen, an einer gut sichtbaren Stelle für sich aufstellen, man kann sie in der Hand halten wenn man sich ängstlich fühlt und Vieles mehr.

So können sie zu äußeren – und inneren Begleiter der Kinder werden. Postkarten oder Poster sind auch möglich; desweiteren bedruckte Kissen, Tassen etc. Individuell ist dies am besten bei Anke Hartmann zu erfragen. Das Kind kann so sein Lieblingsmotiv, auf Wunsch, gleich mehrfach um sich und bei sich haben.

Postkarten und Poster von Anke Hartmann

Von Dr. Claudia J. Schulze zudem erschienen:

Nachtflüge, Geschichten zwischen den Welten (Band1 der Lukas-Reihe)

Rabenfedern bringen Glück (Band 2 der Lukas-Reihe)

Nebelträume (Band 3 der Lukas-Reihe)

Korax und das Geheimnis der Kürbisse (Band 4 der Lukas-Reihe)

Lukas und die Geschichte der Schatten (SONDEREDITION)

Zauberbücher- Fragebögen zur Lukas –Reihe

Kindheit ist kein Kinderspiel- Interpretationshilfen zur Lukas-Reihe

Die Reise nach Holland – Therapeutische Geschichten

Morgensterne – Bibliotherapie für Kinder

Leah Löwenherz – Ein Trauerbuch für Kinder

Ruby Blue – Leseproben mit **Bonus – Geschichte**

Agathe und der Weihnachtsbaum / Weihnachts-Edition

Cinderellas Schwester- oder: Der Schuh ist zu klein

Entspannen mit Lilly – Entspannungsheft

Die Kuh auf dem Kilimandscharo - Kindergeschichten

Direkt bei BOD oder in jeder anderen Buchhandlung zu bestellen.

Neuste Auflagen immer bei BOD!